袁 · 说

YUAN · TALK

袁勇贵 著

东南大学出版社

SOUTHEAST UNIVERSITY PRESS

图书在版编目(CIP)数据

袁·说／袁勇贵著. — 南京：东南大学出版社，
2018.5

ISBN 978-7-5641-7758-4

Ⅰ.①袁… Ⅱ.①袁… Ⅲ.①社会科学-文集②心身
医学-文集 Ⅳ.①C53②R395.1-53

中国版本图书馆 CIP 数据核字(2018)第 096211 号

袁·说

出版发行	东南大学出版社	
社　　址	南京市四牌楼 2 号(邮编:210096)	
出 版 人	江建中	
责任编辑	褚　蔚(Tel：025-83790586)	
经　　销	全国各地新华书店	
印　　刷	南京工大印务有限公司	
开　　本	880mm×1230mm 1/32	
印　　张	4	
字　　数	115 千字	
版　　次	2018 年 5 月第 1 版	
印　　次	2018 年 5 月第 1 次印刷	
书　　号	ISBN 978-7-5641-7758-4	
定　　价	45.00 元	

本社图书若有印装质量问题，请直接与营销部联系，电话:025-83791830

袁勇贵,医学博士,主任医师,青年特聘教授,博士生导师,江苏省优秀重点医学人才,江苏省第五期"333 工程"第二层次培养对象,江苏省"科教强卫"精神病学创新团队负责人,东南大学附属中大医院心理精神科主任,美国佛罗里达大学精神医学系访问学者。

现任中华医学会心身医学分会候任主任委员,中华医学会精神病学分会青年委员,江苏省医学会心身与行为医学分会主任委员,江苏省医学会精神病学分会副主任委员,南京医学会精神医学分会副主任委员。

主持国家自然科学基金面上项目(30970814、81071101、81371488、81571330 和 81771480)5 项。获中华医学科技奖一等奖 1 项、三等奖 1 项,教育部自然科学奖一等奖 2 项,省科技进步奖一等奖 1 项,省卫生厅新技术引进奖一等奖 3 项,市科技进步二等奖 2 项,三等奖 2 项。出版著作 18 部,发表论文 300 余篇,其中 SCI 论文 109 篇,影响因子达 400 分。

研究方向:抑郁症临床诊治和发病制机研究;心身相关障碍的临床诊治和发病机制研究;心理评估与心理治疗的机制研究。

序
PREFACE

2017 年，

我 45 岁，

那年冬天，

生了一场大病。

在养病期间，

写下了本书中的大部分文字，

以之为纪念，

无惧不可测之未来。

袁勇贵

2018.2.25

目　录
CONTENTS

奋斗 · 梦想

与吴爱勤教授（左）和国际心身医学会现任会长Antonio Barbosa教授（中）合影

与吴爱勤教授（右）和国际心身医学会候任会长Fiammetta Cosci博士（中）合影

与吴爱勤教授（中）和WHO心身医学专员Amarenda Narayan Sing教授（左）亲切交流

与德国现任心身医学会主席Johannes Kruse教授（左二）合影
右一为德国Wolfgang Merkle教授

与吴爱勤教授（左）和德国心身医学会前会长Wolfram Schuffel教授(中)合影

与日本九州大学校长、世界心身医学分会前会长Chiharu Kudo教授（右二）交流

与国际大咖同台演讲

从大学毕业到今天已经 21 年，这 21 年一直是只管耕耘，不在乎收获，损失了太多的经济利益，失去了太多的可以玩、可以快乐的轻松时光，总是在追求梦想，没有忘记当年的初心。这一周，终于实现了与国际学术大咖同台演讲的机会。

2017 年 9 月 12 日晚我在上海中德心身医学培训班上作了晚间演讲，题目为《中国心身医学的出路》。这是我首次来上海精中讲座，德国心身医学会主席 Johannes Kruse 教授在听课，还有培训班德方负责人 Wolfgang Merkle 教授参加，前者询问了中国心身分会的经费来源，后者向我了解中医在心身治疗中的作用。这些问题都是他们关心的。

14 日我参加了在北京举办的第 24 届世界心身医学大会，并主持了来自德国马尔堡大学 Wolfram Schuffel 教授的《Psychosomatic Medicine in Europe：Renaissance，Reformation，Revolution，Rebirth》、苏州

大学医学院附属第一医院的吴爱勤教授的《Psychosomatic Medicine in China：Past，Present and Future》以及意大利佛罗伦萨大学 Fiammetta Cosci 教授的《Healthy Strategies Based on Personal Functioning：the Well-Being Therapy Approach》的特别演讲。

　　在会议期间，我和吴爱勤主委分别会见了国际心身医学会现任会长 Antonio Barbosa 教授，候任会长 Fiammetta Cosci 博士，WHO 心身医学专员 Amarenda Narayan Sing 教授，德国心身医学会前会长 Wolfram Schuffel 教授，日本九州大学校长、世界心身医学分会前会长 Chiharu Kudo 教授等，进行了广泛交流并建立联系。

　　不忘初心，努力前行。这也许正是我国心身医学走向国际舞台的契机！努力吧，年轻人。

写于 2017 年 9 月 16 日

图书馆梦想

不知从何时起，我的心中有了一个梦想，就是能拥有完全属于自己的图书馆或书店。可能是由于我比较爱书吧，出差时走到哪里都会买本书，我爱看人物传记、励志、心理学方面的书。书多了就出现了存放的问题，家里到处都是书，弄得父亲很是头痛，说不知道如何安排，更担心我需要用时找不着。这个时候就想到要有个放书的书柜，但书柜很快就满了，就有了建个图书馆的想法，这样也可以与自己的学生和爱好心理学的同学共享这些图书，使图书得到最大利用。

我爱看书、买书，还爱写书，当然写的都是专业书。世上有很多事，往往具有缺陷美。我上学时语文成绩很不好，可如今已著或主编了 18 本著作；我大学时英文很差，四级考了好多次没有过，但如今已发表了 102 篇 SCI 论文。这可能归于我的性格，坚信勤能补拙的缘故吧！

我还有计划写一本叫《四五自述》的书，那是因为看了胡适的《四十自述》的缘故，因为我已过四十岁，今年恰逢四十五了，故有了这个计划。但进展不快，因为临床、科研工作很忙，加上社会团体的工作，占了大半时间。我也想利用出差或路上的时间，但是时常路上不是晕车就是想睡觉，常常弄得懒得动手。另外，手机占了我很多时间，以后要少看手机，多写写人生感悟，让我在四十五岁这一年完成这一计划。

　　不为权,不为利,只做自己感兴趣的事! 我们要提自己的思想、观点、理论、假说,形成自己的特色、平台。我们写书、买书,建自己的图书馆,只有一个目的——传播心身医学理念!

写于 2017 年 12 月 16 日

《四五自述》构思

为什么四十五岁就要写自述或自传呢?

也许有人认为写自传太早,才四十几岁,人生有很多精华还没有开始呢,或者精华才刚刚开始,写什么都不会完美的! 但话又说回来,人生有多少事是尽善尽美的呢? 也许缺憾本来就是一种美。

人生无常,你是无法预知自己能活到多少岁的,你永远无法知道你的终极是哪一天! 不是已有同学、朋友,还有那么多的病人在 30 或 40 多岁就提前离开了吗? 他们都没有机会慢慢变老! 再看身边的人,常常听说某人体检发现了个小东东,一查就是不好的消息! 其实,这种小概率事件对于每个人来说,机会都是均等的,别人会生病,你也会的! 所以,我还是同意这句话——"变化总比计划快"。因此,还是遵循老传统,凡事早做总比晚做好。

如果像傅同学,只活 40 岁,你的人生已经结束了;如果像刘老师,只活 52 岁,你的人生也就只有 7 个年头;就算你活到 80 岁,人生也只有 35 年了,你也是走在下坡路上了。当然你可以努力一下,你向 90 岁努力,那你也已站在人生的中点了。你说时间多,多在哪里呢? 不管怎么说,都已经进入人生后半程了,但是后半程必须走好,再努力锻炼,保持心身健康,做到长命百岁,并且做到无病生存状态,这就算"人定胜天",后天努力的结果了。

当然,我坚定写这个所谓的自述,也是受一本书的影响,那是偶然在无锡东站候车时买的,是胡适先生的《四十自述》。他在自述中这样写道,林长民先生(林徽因之父)答应他在 50 岁生日时开始写自传,但在半年之后死于战火;梁启超先生自信精力体力都很强,不肯早些写自传,可谁料到他只活了 55 个年头;还有其他诸君都是认为人生还很长,不想早写,最后都匆匆走完了人生路,没有机会再写了。

从容不迫,做事沉稳,这是我的性格,所以就早点写吧!我的计划是 5 年更新一下版本,等我到 90 岁时就已经是第十版了。大家祝我好运吧,希望能如期完成我的计划!

写于 2017 年 6 月 18 日

再读《师道》

《师道》是为庆祝杨德森教授七十大寿,由他本人、同仁和弟子一起完成的一本著作。第一部分是杨教授自述;第二部分是同行心中的德森教授;第三部分是学生心中的杨老师;第四部分是杨教授的论著精选。

《师道》是我最喜欢的书著之一,我已读过不下 10 遍,现在还时常翻看。那优美的文字和严谨的说理,对我有很多教益。书中让我记忆最深的有以下几个方面:

一、"假日无心入闹市,平等有意免郊游"。杨教授惜时如金,充分利用好自己的时间去学习和工作。我也感同身受。

二、"白天多看病,晚上多看书"。杨教授在谈到看病与看书的关系时,非常清楚地说出了他的观点,也为年轻医生解开了困惑——白天你要多接触病人,发现问题;晚上你要多看书,解决问题。同样,书中发现的问题,你也需要在临床中解决。

三、杨教授在谈到教育学生时,提到了"鞭打快牛","响鼓也需重锤敲","没有累死的人"。他的意思是

即使最优秀的学生也仍需要加担子压任务，让他们更快成长，因为人都有很强的可塑性。但这第三句到现在我们这代导师身上就不敢再说了，因为常看到报道"医务人员累死了"，反而要关注学生劳逸结合、健康成长。

写于 2017 年 12 月 28 日

师恩难忘

多少次梦中的团聚，
昨天变成了现实，
只是岁月的年轮写出了满头白发，
日子就这样悄无声息地流逝，
感恩的心越发强烈。

脑科医院的恩师们，
我们精神病学的启蒙者，
学生将终生难忘，
那学习的日子仍清晰在脑海！
——听翟老师查房，
——陪姚老师讲学，
——和王老师讨论，
——跟吴老师临床，
——学张老师科研。

你们的言行已融入我们的骨子里，
体现在日常工作中，
指导着我们的人生航向。
在这伟大的日子里，
祝老师们节日快乐！

写于 2017 年 9 月 10 日

与南京脑科医院的老师们在一起,感恩与被感恩都是幸福!

[左起:田博、林主任(吴瑞枝主任爱人)、吴瑞枝教授、王春芳教授、翟书涛教授、

林节教授、张心保教授、陈珏、袁勇贵、王筱兰]

旅途·印象

美丽的苏州城,有许多我研究生读书时的美好回忆

苏州这座城

曾在苏州这座城,待了三年之久。这里有很多的好友和同学,但我却没能有时间好好看过这座城。

只游过同里、东山和西山。却没去过拙政园,也没看过狮子林,更不知道平江路。

今天我漫步在平江湖边,看清清的河水和划动的小船,享受这历史的遗存。

苏州这座城,比南京富有,也没有上海那么快的节奏。可以慢慢地走,慢慢地享受。

三年间苏州留下的记忆里,有苏州的早点——青团子,苏州的茶书店,也总时常让我想起。

不经意,路过一家店,里面坐着一学生模样的青年,手里捧着一本书,桌上放着一碗面,——还有青团子,猛一下子,让我又回到了那个念书的时代。

写于 2017 年 9 月 23 日

雨 中 西 湖

来杭州很多次，每次西湖都只是路过。今天起了个大早，我计划绕行西湖一周。

出门才发现外面下起了雨，雨不大，也不小。行人有打伞，也有不打伞的，瞬间犹豫后我走进了雨中。

尽管有雨，西湖边的人还是不少，有晨练的人在雨中跳着华尔兹，更多的是像我这样的游人。

来到的第一个景点是"断桥残雪"，我想这里应该是下雪天最美吧！沿着白堤走着走着，雨越下越大，游人的脚步都在加快，忽然发现路边有一间小店，刚打开一扇小门，看来店主人准备开门迎客了。我问了一句，"有伞吗？""有的！""多少钱？""35 元一把。"这个天气，看来还价是徒劳的。

有了伞，我减慢了速度，转眼来到了"平湖秋色"景点，现在正值深秋，雨中的秋色别有一番韵味。

再往前走，就到了钱塘苏小小墓。不禁一声惊叹，一代名妓，在这人世间竟有这样的一个墓碑，心中暗想，该是怎样的女子，才能做到"千载芳名留古迹"。

再往前走，来到了苏堤，这里风景独好，更何况是这深秋晨雨中的苏堤呢！

走在苏堤上,我突然想到,苏堤的苏轼和白堤的白居易,都是当年的大官,看来成名与当官存在一定的关联吧!

走完苏堤,从 GPS 上看,已走完一半的行程! 看看时间已过去两个小时,肚子也提出了抗议,忽然觉得饿了。看到路边停了一辆摩拜单车,骑行五公里,正赶上了早饭时间。

写于 2017 年 9 月 24 日

杭城印象

　　受谢健主任的邀请去杭州参加西部双相论坛中孙学礼教授的主题讨论会。

　　为了能听到31日早上九点钟段树民院士的"精神疾病神经环路研究"的讲座,我特地提前了一天去杭州。30日晚的高铁到杭州东,刚出站发现风衣忘在车上,只能打"12306"报失,带着一点点失意,先回酒店。晚上10点多钟,接到来电通知,说衣服找到了,让第二天带车票和身份证件去东站服务台领取,一颗心遂放了下来。回头一想,高铁丢东西能及时找回,也说明了现代的文明和效率。

　　第二天的讲座确实没让人失望,收获颇多。来的讲者多是国内大腕,听众也不少于250人。一个小小的西部"双相"论坛能来这么多人,确实可以看出双相的关注度近年来逐渐增加。当然,教授的观点仍然不能苟同。先说"世上本不存在疾病,都是人为规定的",这一观点不能同意,难道我们还要回到过去?再说双相将是一切疾病的基础,所有疾病都可以划为节律异常,这一观点也颠覆传统的认识,可能还得慢慢消化。再说"三斧头"治疗,尚未分出个你先我后,一股脑子都上,让人有种中药配方的感觉,不是一种科学的方法吧!当然,不管怎么说,教授在思考临床中的现象,想用新的思路探索经常困扰我们的问题,应该是大好事,只是这个过程还有相当长的路要走,可能还有很多困难需解决。

　　我来杭州好多次,却从没有静下心来好好体会一下这个城市的美。这次会间有时间在杭州城里随便走了走,顿时增加了很多惬意,路边都是各式各样争奇斗艳的花,很多行人在流连忘返地拍照,我也随手拍了几张,真是美不胜收。走到大兜路历史街区,顿时有了穿越之感,似乎来到了历史中的某个朝代,修旧如旧、古色古香的房子透露出了一种时代的沧桑感,你走在其中,慢慢地看、静静地品、随意地逛,一点儿也不用着急,让时光慢慢地流,从而洗去世间的浮华和不实,缓一缓疲劳的心情。你也可以坐进路边的店里,点一壶茶,与年轻的店主东拉西扯地说些闲话;或者拿起店里的书,慢慢地翻,享受时光的流逝和夕阳的西下,待到肚子饿时,再找个酒家整个火锅,品一品人间美味,实在是过瘾。

　　到杭州,不要到人流如织的风景区,你可以随意在哪个街头、河边走走,都能发现好景,变换出好心情。下次再来,邀上同伴还要出去走。这就是我的杭州印象了。

019

写于 2017 年 4 月 2 日

美 国 印 象

去美国有四五次了,都留下了很好的印象,特别是那蓝天白云,还有那宽阔平坦、一望无垠的公路,坐上车你尽管踩油门,开到 100 迈以上,让人心情愉悦。

对美国的最深印象是干净,不管是社区还是校园里都非常干净,不管多偏远的洗手间都备有卫生纸。路上很少有监控,但大家都有秩序地停车通行。研究所里空间很大。城市里到处都充满学习的氛围,让你有一种爱学习的冲动。

美国人把工作和生活分得很开,休息时陪家人,在研究所中加班的十有八九是中国人和印度人。但是工作和生活分开并没有阻止他们取得令人瞩目的成就。所以,不是你花的时间长,成就就能成正比取得。

但美国的饮食是我不能接受的,太甜了,一个月就把我的牙吃坏了,留下了恐怖的印象。

研究所里的美国人都是非常友善的,热情地帮助你解决困扰,让你有种温馨的感觉。

[2013 年底至 2014 年 8 月,我在美国佛罗里达大学精神病学系访学,此文写于 2017 年 12 月。]

在美国访学期间，工作和生活既紧张又放松

赣榆的酒

我是不喜欢喝酒的，但也不排斥酒。喜欢喝你就喝好了！如果别人不喜欢，你就不要强迫人家，各取所需是最好的安排。

有幸到赣榆讲学，见识了当地人的饮酒。让我惊讶的是服务员的倒酒技术，双瓶齐下，刚好到瓶颈！不多不少，十分娴熟。先是小杯喝，你敬两杯，他回两杯；然后，你敬三杯，他回三杯。再然后，觉得小杯不过瘾。一敬半壶，再敬一壶！越喝越多，越喝越嗨，渐入佳境，醉意渐浓！已不知喝了多少酒。

菜也不错，但是大家光顾喝酒，菜成了配角。沙光鱼汤让我印象深刻，当地人所谓"十月沙光赛羊汤"。沙光鱼有段有趣的传说：很久以前，沙光鱼个头大，一年能长出一尺。它仗着个头大，在水族们面前耍威风，到处吹牛说："我沙光鱼一年一尺长，三年赶上老龙王！"这话传到老龙王那里，老龙王大怒，特予处罚，让它"一年一脱胎，三年变成小乖乖。"从此，只能一年换一代，永远长大不了，也变得更加稀缺。

喝酒，吃菜，听故事，这就是赣榆！好惬意的小城生活！

写于 2017 年 11 月 18 日

天台是个好地方

很早就听过这个故事,寒山问拾得:"世间有人谤我、欺我、辱我、笑我、轻我、贱我、恶我、骗我,如何处治乎?"拾得云:"只需忍他、让他、由他、避他、耐他、敬他、不要理他,再待几年你且看他。"当时曾把这段话摘录下来,时常念道,这是人间大智慧,告诉我们处理人际关系的道理,而人际关系真是心身疾病发病的主要原因。

让我高兴的是,这次天台行收获不小。了解到拾得和寒山都是天台国清寺的僧人,据说拾得是老方丈在山间小路上捡到的小孩,所以取名"拾得",而寒山是陕西人,70岁时移居苏州,后来那寺庙就叫"寒山寺"了,据传说活到了99岁。两位高僧就职的国清寺,初建于隋朝,后于上世纪70年代在周总理的过问下重新修缮。

另一收获是关于济公的。济公是天台人,原名叫李修缘,出家于国清寺,成名于杭州灵隐寺。济公生于官宦之家,从小聪慧,一生做善事,在当地老百姓中很有声望。电视剧《济公》的播放,更使其名声大振。看来好人会慢慢变成仙的。

天台山的官方宣传语中提到"龙楼凤阙不肯住,飞腾直欲天台去"(唐·李白),走近了,发现天台确实是个好地方!

更有幸的是,在天台,我见到了"医疗界最好的导游,导游界最好的医生"——陈平主任,他对天台的文化历史了解很透彻,他的讲解,让你一听就会爱上天台这个地方。

　　有机会还要再游天台,还要请陈平主任做导游!期待中……

　　　　　　　　　　　　　　　写于 2017 年 10 月 15 日

感悟・点滴

没有轻轻松松的成功，
没有无源之水，
没有不经努力的成就，
所有成就背后都蕴藏着汗水和泪水。

你看到别人成功很羡慕，
但不知道别人的辛苦。
你看到的是表面的光鲜，
却看不到背后的努力。

所有的成就都有阵痛，
只是你没有关注而已。
幸福都是努力来的，
成功由汗水浇灌而来。

感悟是灵光闪现，
感悟也是经验总结。
感悟从书中来，
感悟从思考中来。

快 就 是 慢

"快就是慢",这话很有道理。

你走得太快,
灵魂跟不上,
如果摔断了腿,
你只能慢下来。

有时我们总想几件事情一起做,
所谓"空间换时间",
看起来工作效率提高了,
但长此以往累坏了身体,
住院休养会让你慢下来。

生活需要慢节奏,
弦绷得太紧,终会断的。
看看那些英年早逝的精英,
就不会怀疑"快就是慢"的道理。

人就要生活在快慢之间,
该快时快,该慢时慢,
这才是健康的生活之道。

慢 就 是 快

"慢就是快,快就是慢",
这话说得很有哲理。

走得快未必走得远,
那么走得慢就一定能走得远吗?

有些人 20 岁名闻天下,但 40 岁就死了;
有人 55 岁就退休;有人 70 岁当总统。

静待花开,
可有些花一辈子未开。

方向大于努力,
停下来看看路,
选对方向再走,
这并不耽误事。

读　书

师姐说，"你上学时喜欢读书。"
我说，"我现在也喜欢读书。"

不知从何时起，读书就成了一种习惯；
一天不读书，就会觉得缺少了些什么；
三天不读书，会全身不舒服；
一周不看书，人会烦躁不安。

工作、学习、写文章，都与读书有关系。
工作上，读的大多是专业书；生活中，读的都是闲书。
我喜欢心理学、励志类、人物传记类书籍，
时常出差时在高铁或机场买一本书，
等出差回来就看完了，
所以，家中收藏了很多书。

记得以前每次买书会心疼钱，拿起翻翻又放下。
现在买书不再担心花钱了，
看到喜欢的书，不管多贵都会买。

读自己喜欢的书成了一种享受，
有时甚至期待出差，
这样就可有时间安心读书了。

当然，也有些书买回来看看就放一边了，
书是很好，但内容不是自己爱读的。

但有些书，一看就爱不释手，期待一口气读完。

"人生贵在读我书"，
读书是一种享受，
享受一片宁静，
如同冥想，
有益心身健康。

感受一种打开，享受一片宁静

人 在 中 途

人在路上，前面是未来，后面是过去。
往前看，看不到头，
往后转，回不了身。
失去的总是美好的回忆，
得到的也终将失去。

中途的人最累，
中途的人最苦，
中途的医生最谨慎。
胆子越来越小，话越来越少，
人亦变得越来越深沉。

经验多了，束缚了手脚。
多了小心，抑制了创新。
所以，有经验是好，也是不好，
我们只能谨慎前行。

要时常停下来想一想我们的对错。
吸取了教训，成就了未来，
不要怕出错，及时纠错才是关键。

富人俱乐部

如果看一个人混得怎么样，就看他与什么样的人在一起。一个年入 10 万元的人，他的朋友圈往往都是年入 10 万元的人；一个千万富翁，他的朋友往往都是千万富翁。乞丐的朋友是乞丐，明星的朋友是明星，人以群分，就说的是这个道理。

如果你想拿"国自然"，那你要请拿过"国自然"的专家看你的标书；而不是请那些只拿过项目的同行看；你想当院士，也需要经常与院士接触，学习他们为人处事的方式方法，你才能慢慢达到目标。学术成长与做生意一样，所谓"富人俱乐部"，你要与真正的大家在一起，你将来才能成为大家。不要扭扭捏捏，怕见人，抓不住机会，丧失与大家交流的机会。

科学方法是相通的，不要因为大家的研究方向与你不一样，就认为听他讲课对你无益。我们听大家讲课，享受的是他们的智慧，而不只是知识，主要是他们的学习方法和思路形成的过程，以及他们灵光闪现时抓住和发现灵感的过程，所以我们要抓住一切与大家交流的机会，这才是学习之道。

你只是看起来很努力

有些人，我们看到他每天都在忙忙碌碌，但业绩却很差。

他看起来很努力，但或许努力的方向不对，或者努力的不是地方。雨往空田里下，看不到效果。

在学生中也能发现这样的，非常用功，却出不了成绩。

所以我们要注意自己的学习方法，起到事半功倍的效果。

不做无用功，把劲使在刀刃上。找对方向最重要。如果方向错，再努力也是白搭。

学 会 反 省

　　我们时常要停下脚步,看看来时的路,学会反省一下:我们以前做的事有什么不完美的地方,有什么需要纠正的。

　　如果光顾往前走而不思考,终会越走越偏离方向,犯更大的错误。

　　你再小心,再谨慎,也难免犯错误,因此不要太自信。回头看,有助于自我提高。

大气与大器

一个人能成多大的器,就要看他的气量有多大。如果你小肚鸡肠,什么人都看不顺,那你也难成大器。

如果你是科主任,科里的人这个也不好,那个也不行,那好吧,就你行,所有事你就自己一个人去干,最后不要说什么都干不好,你自己也会被累死。

你气量大一点,能包容每个人的缺点,使用好每个人的优点,这样不但把事做好了,还得了人心,得人心者得天下,何来事业做不大呢?

"宰相肚里能撑船"、"大肚能容天下事",气量大一些,才能成大器。

换个角度看问题

当局者迷,在事情刚刚发生时,脑子还未转过弯,思维会被局限,会钻进死胡同,想不通道理。但经人点拨,你可能会豁然开朗,柳暗花明,看到前途光明的道路。

所以,经常换个角度看问题,有利于我们的个人发展和成长。

其实这也是改变认知,思维变了,前途就光明了。

听 与 讲

越有学问的人,越喜欢学习,吴老师[吴爱勤老师]就是一个很好的例子。每次开会,吴老师总是认真地听完每个讲者的讲座,时不时还记一下要点。每次听吴老师的讲座,总是常听常新,有很大收获。这可能与他好学有关!

所以,我每次出去开会,只要时间允许,我总会认真地听每个讲者的讲座,观察每个人的演讲特点,学习他人的长处与不同观点,认真思考,换位思考:

如果这个观点让我来讲,我会从哪个地方入手。

好的讲座,能把整个讲座内容串成一个完整的故事,环环相扣,引人入胜,不知不觉中时光飞逝,让听者回味无穷。

每个人有每个人演讲的风格,但你什么水准,明眼人能一眼看出深浅。我喜欢讲自己的东西,自己的研究内容讲起来有血有肉,讲完有种淋漓尽致的快感。

本周听了三场相当不错的讲座,学习了不少新的东西,确实难得。

只要喜欢学习,你也会爱上听讲座的。

所有成功背后都是汗水和泪水

没有轻轻松松的成功，
没有无源之水，
没有不经努力的成就，
所有成就背后都蕴藏着汗水和泪水。

你看到别人成功很羡慕，
但不知道别人的辛苦。
你看到的是表面的光鲜，
却看不到背后的努力。

所有的成就都有阵痛，
只是你没有关注而已。
幸福都是努力来的，
成功由汗水浇灌而来。

人　心

人心还是有很多差异的，
各人有各人的想法，
各人有各人的打算，
只能管自己的事，
随别人去吧！

我们只需要做好自己，不必说别人，
今后按自己的想法去做，
写写文章，
写写标书，
讲讲课，
做很学术的人！

坏人能变好吗？

好人永远是好人，坏人永远是坏人。

你永远不要指望坏人哪天会变成好人！

人性的改变是非常难的。性格一部分是由于遗传，一部分是由于从小形成的习惯，当然包括家人的传承。一个人的性格特像他爸、他妈，也是由于遗传和从小的学习。

所以说要改变一个人是很困难的。心理治疗有没有用呢？我比较悲观！但除非发挥自我的主观能动性！

读博是件体力活

读博往往是医学生的一个很重要的选择，在三级医院工作，如果没有博士学位往往会受到很多阻碍。

读书要趁早！读博要早规划！博士是中国学历教育中的最高点，当然需要花更多的精力。

硕士培养只是方法学的培养，而博士培养需要原始创新！所以博士就需要多看文献，多学习，寻找科研的突破！这需要花更多精力！

读博是件体力活，读博的人需要多锻炼身体，增加个人的健康耐力！这非常重要！

当我们全身心地投入学习时，一定要保持体质健康！

如果你在计划读博，那就早点锻炼身体，保证读博时有强健的体质。

度 与 关 系

心身疾病，神经学的成因，不外有二：一是度，二是关系。

度的掌握是很关键的，对什么事都要把握度，过与不及均不好。过了我们都会为之花更多精力，最后可能没达到，还会带来较多烦恼。比如每次考试都要考第一名，或要达 100 分，我们必须花更多精力，如果有一点闪失就会非常失望和痛苦。同样，不及也是不好的，如果我什么追求也没有，整天无所事事，无欲无求，那你一定也不健康、不快活。人没有欲望，就会变得很消沉，就变得妥协。

凡事要适度，要平衡，过犹不及！中庸一些会更健康！

现在越来越重视关系对健康的影响了。这里的关系主要指人与人的关系，如你与家人的关系、你与同事领导的关系。关系好了，你上班下班工作生活都开心；关系不好，你会整天绷紧着脸、不开心，时间长了会影响你的免疫力，你的内分泌会失调，从而导致心身健康出问题。关系不好，同样影响你的工作效率，降低你的竞争力，会影响你的大好前程。

所以，处理好度和关系，是我们健康的前提，也是我们成功的保证。

远离"三季人"与"垃圾人"

"三季人"是指一根筋的人,就是指很偏激,坚信自己的错误思想,不管你怎么说他都不会改变。比如说,明明一年有四季,可他就坚信一年只有三季。所以这些人叫"三季人"。

"垃圾人"是指那些不讲道理,满嘴脏话,易冲动,易激惹的一类人。比如,你开车遇到的"路怒症"者。

生活中这两种人是时时可见的,与这两类人讲道理,只能是浪费时间和精力,不如绕道而行,远离这些人。

方 与 圆

早在 20 年前,读过一本书《方与圆》,是谈人际关系处理的。

"方"是指正直、正派、有原则;"圆"是要机灵、灵活、不世故、不迂腐。

我们做人要方,要有自己的原则和底线;

做事要圆,不循规蹈矩,要会变通,在不违反原则的前提下把事情处理好。

所以说我们要内方外圆,既要遵守原则,也要灵活积极。我们既要方,也要能圆,但圆不是小聪明,更不是钻空子、占小便宜!

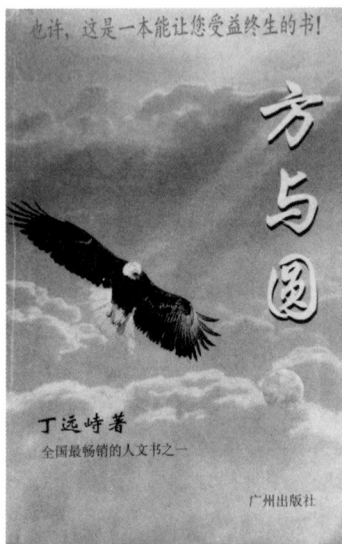

044

沉　　思

　　沉思是一件很有意义的事。

　　沉思会让我们静下一颗浮动的心,沉淀一些实实在在的想法。沉思还有助于我们养精蓄锐,积累精力,让自己变得深沉,更有思想性。

　　一天工作下来,躺在椅子上,闭上眼,静静地沉思,想一些一直来不及想的事,梳理一下思绪,放松身心,会使你有一种无限的惬意!

　　如果实在没什么东西可想,那就什么也不想,随心所欲,这也是有益身心健康的。

045

岁　月

岁月是把杀猪刀！

在岁月的流逝中，我们似乎渐渐变老了，有的器官也在不时地变坏，心态也在不停地变黯淡，没有年轻时的激情了，很多事不敢随心所欲地去做了，有点瞻前顾后了，担心万一发生变故怎么办。也许这正是变老的前奏吧！

岁月让你增长了经验，让你拥有了名声，让你的财务渐渐变得自由些，但同样让你失去健康、失去年轻，变得盲从、世故，心态也转变了。

不再追求功名，而改为寻求健康，终于知道健康的第一重要性。健康长久地活，是多么值得期待的事！对身体、对健康早些投入关注是必要的。

当然，也不要太悲观，只是早些警醒，有助于预防。

成　　功

　　每个人都希望自己能成功,但不一定每个人都能成功! 能否成功有很多影响因素,但最重要的可能与以下四个因素有关:一是你要行;二是有人说你行;三是说你行的人要行;最后一个因素,身体要行。很多人拥有前三个因素,但独独缺少了第四条:身体不行。身体不行限制了你做很多事情,也会让你失去成功的机会。

　　其实,一个人的健康状况大部分是先天的,也就是说是父母给的,这占了百分之七十,其余只占百分之三十,就是说人的主观能动性只占健康的30%。

　　假设你的父母给了你 70 岁的健康,如果你的后天主观能动性发挥得好,你可以活到 $70+70×30\%＝70+21＝91$ 岁。但如果你不注意养生,天天胡吃乱玩,你就可能只活到 $70-70×30\%＝70—21＝49$ 岁,所以这个后天的百分之三十也是非常重要的。

　　我们放慢生活,注意养生,建立健康体系,同样可以获得成功!

执　行　力

一个人成功与否，与他的执行力有一定的关系。执行力强，有了想法就去做。

光说不做，永远不能成功。只有做了，才能有希望，才能成功。

你如果永远不动，永远在计划，那你就永远在路上，永远在准备中，永远达不到目标。

有人说，你是一个"想做事，能做事，能做成事"的人，这是在说你是一个执行力很强的人。

我们必须要防止自己的惰性，不要总是在计划中，"晚上想想千条路，早上起来走原路"，这是永远不能成功的。

学 与 教

学生的培养,硕士专注于方法学的培养,博士致力于原创性的研究。

每个学生均有自己的思想,有自己的处理方式,虽不能把自己的行为处世模式强加于学生,但必要的技能,需要学习的还是要对他们有所要求,比如科研设计、写标书、写 SCI 论文、审稿、收集样本病例、讨论学习、临床专业技能等等,都需要督促他们努力去做。

有些学生,你和他说了一遍,他不行动,再提醒一遍,他还是不行动,那就不要安排他做了。这种主动性、执行力很差的学生,是很让人失望的。

听 与 说

为什么有两只耳朵、一个嘴巴？就是要求人多听少说。凡是滔滔不绝的人，大多是不成熟的人。

常言道："言多必失"，说多了，你难免露出马脚来，让人抓到小辫子，以后给自己招来烦恼。

与人交往时，多听少说，或者光听不说；你可以多思考，这样别人很难摸清你的想法，也不知道你到底是水深水浅，有利于你做事的主动性。

当然，多听少说并不是推卸责任，该你发言时，你还是要表达清楚自己的观点，只是不要喧宾夺主，忘了自己的位置。

情绪决定成败

不知道大家赞不赞成我提出的这个观点，即情绪决定成败。

当然，一个人的成败会受很多因素的影响，但情绪是一个非常重要的中介因素。一个不能很好管理情绪的人，往往会引起人际关系紧张的问题。

随意发脾气，不是人们喜欢的行为，我们要尽量避免。如果你情绪容易失控，就要学会放松，努力控制情绪，不要让它成为阻碍你与别人交往的拦路虎。

一个能管理自己情绪的人，是讨人喜欢的，别人就会给你机会，让你在成长的路上一帆风顺，事业的成功即指日可待。

顿 悟

顿悟是指突然悟到某种内涵,是以前从未曾想到过的。

心理治疗很在乎顿悟。

这个顿悟可以是一种突然的认识,一种认知改变,是在治疗的过程中,突然认知到自己的问题所在,随之症状(病情)就化解了。

日常生活中我们可以常常进行冷静的思考,不断思考中也能产生顿悟,或获得新知,或获得灵感,从而帮助自我成长。

矛　盾

人常会遇到矛盾的事，双避冲突，双趋也冲突。人常常有了这个，又会追求那个；得到了那个，又会失去这个。

用药中也有矛盾。比如说，你用这个药改善了情绪，却引起了肝功能损伤；减药后肝功能恢复了，情绪症状却加重了。

治疗上这种现象非常常见。比如青光眼的病人用了抗抑郁药，情绪好了，眼压高了；高血压病人用了利尿剂，血压降了，尿酸却升上去了。

可见治疗中的矛盾现象无处不在。这就是需要医生很细心地去观察所发生的疗效和副反应，及时去处理，调整用药。

我常认为调整用药是一种艺术，我们要细细品味；为什么同样的药，你用了没效，其他主任医师用就有效了呢?! 或者为什么主任医师在你原来用药的基础上加了半片或 1/4 片某种药物，病人就起立竿见影的效果了呢？这就是用药艺术。

杨德森教授曾讲过做个精神科医生不难，"初中生培训两周就能干了"，但做个好精神科医生不容易，你得掌握这种用药艺术，成为艺术家。

得 与 失

　　得与失有时是相互的。你得到某样东西,同时可能失去了某种更可贵的东西。同样,你失去了某个机会,可能有更好的机会在等你。

　　比如说今年你这次失去了获得国家自然科学基金面上项目的机会,但你明年还有一次机会去申报,今年你可能拿到的只是重点项目;而如果你今年就获得了面上项目,那么明年的重点项目就会因为你已经没有了名额而失去。

　　但常常得与失并不是相等价的。比如你得了一些虚名,却失去了健康,那是很不划算的。

　　所以要想得开一些,理解得与失的辩证关系才行。

阴谋与阳谋

阴谋是指为了达到某种目的,在暗地里使用计谋,而阳谋则是通过正面的较量来达到或获得。我们常说"明枪易躲,暗箭难防",是说阴谋难以识破,需要加倍小心。

大多数人喜欢阳谋,就是面对面的竞争,大家把自己的本事拉出来遛遛,谁强谁弱一目了然。其实阳谋时常能达到更大的目的,获得更好的效果,同样能获得人心。

很讨厌那种当面一套、背后使坏,又当婊子又要立牌坊的人。明明使了坏,还要在你面前讨好说帮了忙来邀功。这种人比坏人还坏,坏人至少承认他是坏人。

吃亏是福吗

如果你说吃亏是福,那为什么大多数人不愿意吃亏呢?

吃亏当然不是好事,大多数人总是能不吃亏尽量不要吃亏,吃亏是万不得已的事。人家明明吃了亏,你还劝说别人"吃亏是福分",这是落井下石,说风凉话。当然吃了亏也会有吃亏的好处,只不过这个好处当时显不出来,只有过一段时间才能显示出来。

不是说凡事都有两面性吗? 有时候你表面是吃亏的,但其实你得了好处,这种情况可以说吃亏是福,但一般是不会承认的。

主动吃亏是福,但被动吃亏就不是什么福了,只能打断牙往肚里咽。

成功是个虚词

成功是个虚词,永远是相对的。

你认为你很成功了,但比你成功上千倍、上百倍的人还有很多。有人认为自己每天挣 100 元就算成功了,但更有人把成功定义为日进百万或千万才算成功。

我们追求成功,但不能把成功定义化,真正的成功是自己感到幸福即成功。

常言道"知足常乐",如果你很满足了,即成功了。

养成学习的习惯

一个人要养成学习的习惯，有益于终生。

当然学习不限于书本，还可以多看、多听、多说等，凡是可以增长知识的行为，都可以称为学习。

做有心人，时时学到东西，即使是碎片化学习，如果能坚持，你也同样会大有长进。

我们天天都很忙，大段时间比较少，如何运用碎片时间来学习，也是需要掌握的一种技能。

科技发展非常快，如果拒绝学习，你很快就会掉队，落后于时代。

我们需要学习，掌握好正确的学习方法，对我们是很有好处的。

变　化

常言道"计划不如变化快"，你辛辛苦苦计划好的事，因遇到突发事件而执行不了，只能临时取消，使计划发生变化。这种事经常发生。

明天与意外不知哪个来得更早，变化随时随地都会出现，它从来不与你打招呼，让你防不胜防。

还有一种变化是慢慢发生、潜移默化的，比如你的学术观点。随着你的资历增长，它也在悄悄发生变化，但这种变化好像与计划无关，是在学习工作的日积月累中发生的，开始是量变，慢慢形成质变，形成自己的学术观点。

记得还是住院医生时，看一个病人，诊断总拿不定。主任查房时的问诊往往会引导我们的思维，主任往分裂症方向问，你会觉得诊断像分裂症；当主任往情感方向问诊时，你又觉得诊断像情感障碍了，没有自己的主见。但到升为主治医生，特别是高年资主治时，你就有了自己的主见，考虑病人的诊断时不会受外界影响而变动了。这个时候你就可以独当一面了。

看书与看病

看书是学习知识,看病是掌握技能。

作为一个医生,先学知识,然后把知识运用到临床上看病人,当在临床上发现疑惑时,再回到书本中找答案。

前辈教导我们要白天多看病、晚上多看书,这为我们医生指出了学习的方法和解除了心中的困惑。虽然每天都很忙,临床之外抽出时间来看书做研究即可。医生如果不看书,就会倒退,跟不上日新月异的学科前沿,几年一翻新的指南,你就会不懂,用老皇历看病将来会出事的。

如果医生都不做科研,我们的学科怎么发展呢? 不看书的医生不是好医生,不做科研的专家不是好专家。

当然,老看书写文章,你就不会看病,那你就不能成为好医生了。看书与看病是相辅相成的,科研需要临床医生的发现与需求,临床需要科研的成果和技术。

作为一个医生,要成为临床科学家,才能更好地为病人服务,临床不需要只会写论文的医生。

世上没有累死的人？

学生渐渐多了，发现不同的学生有其各自特征，很难用统一的方法来带教。有些学生本身自我要求就高，就不能批评他。但有些学生总是不上路子，你说你的，他行他的，对这种学生要经常敲敲他，甚至你敲了还不动，那就逼你多敲。

每个学生要及早跟他商定好研究方向，这样他可以早些沿着这个方向学习文献、设计课题、做预实验，也就能早点实现资料收集、早点实现文章发表。经常跟学生们讲有了想法要及时与我联系，但学生们好多不爱学习，很少有学生主动找你！有时你会提前在学生群里公布一下："我今天下午在办公室，有问题可找我讨论"，但总也没人找你讨论，倒是需要签字的会来找你。

我做事喜欢提前完成，凡是都早做打算。但是很多学生并没有养成这种习惯，有的人性子就是慢，做什么事都要做到规定的时间前一天或者前一秒，但至少这也不能算不好吧！

杨德森教授曾经讲过要"鞭打快牛""响鼓仍需重锤擂"，就是说学生已经很努力了，但社会发展进步也很快，我们仍要不停督促他前行。"世上没有累死的人"，这句话我原来也信的，但现在不停地报道类似的医护人员和学生自杀的消息，说明人是可能被累死的。

看到学生发表的文章还是很兴奋的,这是前进的动力吧! 当然,这也是一种自我奖励,可以激励我们继续前行。

校园一景

宽阔笔直的道路和高大魁梧的梧桐树,昭示着我们研究的方向和蓬勃向上的气息

生命·沉思

我从没像现在这样，害怕生命的无常。

经历了这次生病，才意识到死亡离我这么近。

假如这次瘫了，我该如何面对这个社会？

假如这次呆了，我该如何处理今后的人生？

假如这次瞎了，我该如何生活下去？

假如这次直接挂了，我的家人该怎么面对以后的生活？

我真的好害怕，不敢再想下去……

我走了，这世界不会变，但我的家庭成员的人生都会改变。

怎么办呢？我必须改变，变成一个健康的人。

小心呵护今后的日子，

陪伴家人长一些、尽量长一些。

2017 年冬天，

生了一场大病。

病痛与生命的思考，

弥足珍贵，

文字是纪念。

病去归来，

更加热爱生命！

患　病

人在健康时,是不会想到生病的痛苦的。当某一天,病突然降临时,才发现原来所有的一切都被剥夺了,自由彻底地被限制了,这才感到健康是多么的重要。

这次生病,来得很突然,打了我一个措手不及,让我很后怕,也引起了我深深的忧虑!

突然将老年话题提前了:我们该如何维护健康,如何降压减压,保持心身健康。

上天已经给你提醒了,你如果还不注意养生,那就是"自作"了。年轻人,好自为之吧!

如何调整心态,改变人生轨迹,是我当前暴露要解决的课题。如何自我选择地做些力所能及的事? 如何有所取舍? 如何控制自己的冲动,如何控制自己的情绪? 都成了我如今急需解决的课题了!

也不要太悲观,只要好好注意,也一定能健康长寿的。我的命运我做主,后天的30%的主观能动性一定能发挥最大的作用的。

我相信,人定胜天,事在人为。

身 体 预 警

人生不可能一帆风顺,总会遇到这样那样的不如意,永远不可能处于一个无烦恼状态。我们总想哪天有空了,或者闲下来,我们就可以去做自己喜欢做的事情了,可是我们什么时候能真正闲下来呢？事情总会一个接一个,一个烦恼解决了,可能还没等你意识到,后面一个或几个烦恼可能已经来临了!

不要为烦恼而去自寻苦吃,也不要去追求无烦恼状态! 有什么喜欢的事就及时去做,别等闲下来,因为人是永远不会闲下来的!

没病没灾当然是好事,但又有谁能做到一辈子没病没灾呢？有人很年轻就生了重病,甚至还没有机会变老就走了。大多数早生病,是身体在提醒你要注意锻炼保健了! 如果你没注意到这个提醒的信号,还在开足马力地工作,等到了崩溃的那天,你就没有机会了。所以我们要感谢人的这个身体预警系统!

有什么舍不得？

人若是没有了健康，就什么都没有了。
所以为了健康，就没有什么舍不得的！
一切事物都生不带来、死不带去，
一切都是身外之物，
我们追求某个目标，只是为了生活有意义！
建立中国的心身医学体系是一件非常有意义的事，
为了这个大目标，其他小目标都可以舍去，
可以少做一些报告，多进行思考，
每天花十分钟静心！
我要把时间留下来，
过一些浪漫的生活，过慢生活！
追寻健康人生！

上帝和我开了个玩笑

我不信上帝,但上帝实实在在和我开了个不大不小的玩笑,让我吓出一身冷汗来!

你不养生,生不顾你,让我理解了其中的道理! 今后必须要天天爱护那脆弱的身体,锻炼她,实践她,护着她,爱着她。不让她受到一点点委屈!

让她成为常青树,变成一棵不老松,慢慢地完成我那不大不小的人生计划。

容我慢慢变老

有些事情往往不能等，比如说锻炼身体，总说等有时间再锻炼。可还没等到你有时间，就一病不起一病呜呼了，到时候慢慢变老都成了奢望！

时间就像海绵里的水，想挤总会有的。美国总统奥巴马都能每天锻炼一小时，准时参加女儿的家长会。难道我们比他还忙？可能我们也只是看起来很用功罢了！

所以人生要有规划，锻炼是规划中应有之事。这件事不能等，从现在开始，从今天开始，锻炼吧！

让身体有慢慢变老的资本，才有未来的事可做。

下定决心要改变

今天，就在今天，我提起笔，写下了如下的文字：

我要变，要改变，改变我前45年形成的习惯！

很多人都和我讲："放下吧，你已经功成名就了，还要追求什么呢？生命没了，再多其他又有什么用呢？"我知道这个道理，但我做的正是自己感兴趣的事情，放弃自己的兴趣爱好，你知道有多难吧！

但是为了家人，我必须改变。为了事业，我也必须要改变。我还有很多事要做，还有很多计划！我要改变中国的心身医学发展历史和轨道，我要建立自己的学术思想和学术体系，我还要建立自己的心身医院和心身医学学院。

这些都是我的计划，我不改变生活习惯就无法实现，所以必须要改变现状，放慢脚步。

第一步：减肥降压，这是最首要的；

第二步：减压，生活规律；

第三步：有计划地做学问。

你走了，这世界不会变

假如这次你走了，会有几个人发出哀叹：

——可惜了！

——天妒英才！

——命没了，要那么多东西有什么用！

——太不划算了，不值得！

过几天，大家就平息了，还是各司其职，做自己的事。

科里还会正常运转，只是换了主任。病人来找你看病，告诉他："主任已不在了"，病人不理解："哪儿去了？他看病很好啊！"

医学会会让后任接上，有人高兴，多了一个上升的好机会。

同学们也会悲伤一段时间。

毕竟改变最大的是家庭！父母失去了依靠，整日泪流满面。儿子就要毕业长大了，可他的前程彻底改变，出国读书的路可能要改道了，前途完全改变了。爱人可能会被打麻木了，经过两三个月后也回不到生活中来，变得很忧伤，会更想起你的好！

你走了，这世界不会变，但家变了，变得很脆弱，经不起一点点风雨。

我从没像现在这样，害怕生命的无常。

经历了这次生病，才意识到死亡离我这么近。

假如这次瘫了，我该如何面对这个社会？

假如这次呆了，我该如何处理今后的人生？

假如这次瞎了，我该如何生活下去？

假如这次直接挂了，我的家人该怎么面对以后的生活？

我真的好害怕，不敢再想下去……

我走了，这世界不会变，但我的家庭成员的人生都会改变。

怎么办呢？我必须改变，变成一个健康的人。

小心维护今后的日子，

陪伴家人长一些、尽量长一些。

我不知道哪天是我的尽头，

我不能掌握自己的生命时间，

如何应对这一现实呢？

想好了：做能做的事，有选择地做！

假如每天都是生命的最后一天

我突然担心起来——
万一今晚睡下就不再起来，
那今天就是我生命的最后一天，
我该在这一天中做些什么有意义的事呢？

每天都在忙碌中度过，花了大把的精力，
却不知是在消耗生命，
不知道珍惜短暂的生命。

人不能掌握的是自己活到哪一天，
每一天都有可能是最后一天。
自我保养得好，还可能会延长生命，
反之只会消耗可能的日子。

不再年轻的我，该好好把握自己的人生，
改变已有的航道，改变一切不好的习惯，
要舍得丢掉很多不好的东西，
寻找适合自己的事，做能做的事。

我还有很多事要做

突然发现死亡离我很近，
担心会突然逝去，
从没有像今天这样恐慌，
我的天啊，怎么会突然给我这种莫名的怕！

我必须改变自己，不能再像以前一样不要命地去学习、去工作！

我要放慢速度，改变方向，有所舍弃，有所选择，做能做的事，明确自己的大目标，放弃不太重要的东西。

我要学会用人，要学会统筹，要学会抓重点，做方向，将自己的学术生涯拉长！

我还有很多事要做，还有很多计划要实现。
我要好好锻炼，好好控制血压，
我要经营好自己的人生，活到一百岁，健康地活着，尽情地享受人生时光。

今天我在家中晒太阳

外面好冷,太阳好大,
我坐在阳台晒太阳!
好暖和,好暖和!

好久没有这样享受大自然的恩赐了,
只有生病了才能静下来,
享受下午的阳光。

有时走得太快,会丧失很多美的享受。
忙碌的人啊,放慢速度吧。
青春不常在,生命诚可贵,好好把握健康的脚步吧,
把生活经营好!

可在家看书、听书、睡觉、晒太阳,无聊得很厉害,不
能工作是很痛苦的!

不要总去争对错

人为什么要发脾气呢？能有多大的事呢，忍一忍不就过去了嘛！想一想所有的遇见都是缘分。

不要再发火，要珍惜这种遇见，因为每天都可能是最后一天，或许你已没有了再次道歉的机会。拥抱今天，我们将拥有了整个世界。

人到了一定年龄后回忆过去，会发现一生中做了很多荒唐的事，很是可笑，但当时不可能认识到，只有等你经历过了，你的理解充分了，变深沉了，才能慢慢感悟到！所以人不要总去争对错，也许你将来会笑话自己今天的所作所为！

检讨生病

"人吃五谷杂粮，就难免生病"，这话不假，但如果一个人已知自己生病的风险，还不注意去预防，一而再，再而三地生病，那一定是自己的问题了，应该要自我检讨才对！

近年来虽然自己一直在强调健康，但还是容易忘掉，可见人是易忘事的！

但这一次说什么也不能忘记了，再忘记就没有机会了！上帝已经给你警告了，你还不自觉地去做，那就不应该了。生病后失去自由和健康，是非常可怕的。万一你瘫了，傻了，残了……都是不能接受的。因此，必须引起足够的重视才行。

寻回丢失的健康

我不知道我失去了什么，
我又得到了什么，
我成功了吗？我不敢肯定，
我收获了一点点成就，
失去的却是那最为重要的东西——健康！

我该怎么做，才能成就我的伟业！
我们做的很多事都是原创的，
做心身医学的拓荒者，
开辟中国的心身医学新时代。

建立中国的心身医学临床和科研体系，
我们写书著作，
我们的理论为人接受，
这是一个多么美好的么梦想啊！
可这些需要身体健康为前提，

所以我得寻回我那丢失了的健康，
去成就梦想和伟业，
你说对吧？

重新轻装上阵

人折腾什么呢？不就是几十年吗？就算活到 80 岁，不也就还剩 35 年了？如果不幸活到 60 岁，也就只有 15 年了。就算活到 90 岁，人生也就只剩一半的时间了。

所以要锻炼身体，

至少让自己能无病生存到 80 岁，

要活得有质量。

40 岁时生了一场大病，身体算是比较早地提了个醒！

要注意健康！注意生活质量！注意锻炼身体！

对身体最大的感悟就是："东西不能等坏了再修"，

就算你是最好的工匠，

也不可能修复到原来状态。

即使你再锻炼，用再好的药物，

也不可能修旧如新了，

还是"原装的好"啊！

停下脚步来好好思考，

整理下思绪，

重新轻装上阵，

一切会越来越好！

生活常不如意

　　没有人的生活会一帆风顺,每个人都会遇到各种各样的烦恼。烦恼常有,没有烦恼的人生是无意义的。

　　烦恼使我们更聪明,学会处理各种不如意! 往往一个事情解决了,下个事或者几个事又来了,你又要想法子去解决。人就这样乐此不疲地去做、去完成,日子也就这样一天天地过去。

　　我曾期待有一天可以什么事都没有,让自己轻松些,可往往一闲下来,只会变得更空虚、更无聊! 还是充实一些好!

　　所以你期待没有烦恼是不切实际的,也是不可能的。

　　烦恼也是一切身心问题的根源,烦恼过与不及均会出现状况,需要我们好好地重新调整。

专业·思考

　　临床是一切的来源,掌握看病的技巧是非常重要的。

　　临床发现的问题想办法去解决,这就是最初最原始的科研;科研的结论也还是要回馈临床,解决临床的困惑。

　　教学的内容来自临床和科研的发现,在教学中发现的问题,同样要从临床和科研中解答。

　　管理贯穿临床、科研、教学的过程中,每个医生都要学会管理,才能更好地做好前三者。

　　临床、科研、教学、管理四条腿走路,才能跨时代。

临床、科研、教学、管理
（Clinical & Research & Teach & Manage）

临床、科研、教学、管理，这四个方面都必须胜任，每个临床医生都必须掌握这些能力。

临床是一切的来源，掌握看病的技巧是非常重要的。

临床发现的问题想办法去解决，这就是最初最原始的科研；科研的结论也还是要回馈临床，解决临床的困惑。

教学的内容来自临床和科研的发现，在教学中发现的问题，同样要从临床和科研中解答。

管理贯穿临床、科研、教学的过程中，每个医生都要学会管理，才能更好地做好前三者。

所以我们要临床、科研、教学、管理四条腿走路，才能跨时代。

重视心身医学，成就名医

心身医学是新的医学模式走向临床的总体表现！所有的疾病都受到生物—心理—社会因素影响，而心身医学是研究心理社会因素在疾病的发生发展中重要作用的学科。

临床上的疑难杂症往往均与心理社会因素有关，如果不关注这些方面，病人有病就可能看不好，成为临床上的逛医者。经常听到临床"大咖"们调侃道："我没有多大本事，只是关心了病人的焦虑、抑郁和躯体化症状，并给了相应处理，就治好了一大半病人，成就了现在的名声。"

那我们有必要学习心身医学，学习心身医学的理论、知识、进展、治疗及操作，这样既有助于帮助病人，也有助于自身心身健康的维护。

学习心身医学的意义

心身医学是指研究心理、社会因素在疾病发生发展、转归中发挥重要作用的相关疾病的一门学科，近年来越来越受到临床医生、医学管理者的重视。那么学习心身医学有哪些现实意义呢？

一、学习心身医学，有助于让你成为名医。临床上凡是病人得看多的内外妇儿各科医生，往往都是了解或掌握心身医学的医生，因为他们关注患者的心理状态，并在治疗中增加了相关治疗技术，让病人的疗效更好，进而受到了病人的爱戴，成为相关领域的名医。

二、学习心身医学，有助于解决"看病难、看病贵"问题。心身疾病患者常常是医疗资源的极大使用者，因为疾病久治不愈，患者常常反复就医、反复检查，这些不必要的就诊和检查，占用了有限的医疗资源。

三、学习心身医学，有利于缓解医患矛盾。老百姓往往只认一个理，就是"我花了钱，病就应该能够好转或治愈"。如果你不懂心身医学，接诊一个心身疾病患者后反复检查寻找器质性病因，使用药物对症治疗，必然是事倍功半的。病人花了钱，病治不好，极有可能产生医患矛盾。

四、学习心身医学，有利于医疗管理。如果学了心身医学，你就了解了一些病人久治不愈的原因，清楚一些医疗纠纷的根源，就不会随心所欲地做出一些管理决定，如：平均床位使用率低就扣奖金，病人无理纠缠却处理医生，让医务人员过度劳累而导致工作效率下降等。相反，利用好心身医学知识，就可以大大提高你的管理效率。

因此，现代医疗需要心身医学，发展心身医学有助于缓解人民群众日益增大的对健康生活的需求与医疗资源短缺的矛盾。

用药艺术

医生有三宝:语言、药物和手术刀!

语言的作用是不是有所夸大,但放在首位,说明语言的重要早已深入人心!但药物的作用是不用质疑的!医生做时间长了,对用药有了自己的体会,用药是一种艺术,惟妙惟肖,你多一点过量,少一点不足。同样的药,你用了病人不好,但经专家一调,或加了一点量,或配合了其他药,或改了一下用药时间等,均可能起到立竿见影的作用。

用药用多久,也很有艺术性。记得我刚当主治医生时,遇到过病例是我印象深刻,一位老太太,开始是抑郁症,经治疗情绪明显改善。这时出现了幻听,每晚加用奋乃静,一周后幻听消失!后又巩固治疗两周病情一直稳定,我就想当然地在出院带药时,停用了奋乃静,可病人回家第三天又出现了幻听,可见奋乃静停早了。还有一位患者是中年妇女,抑郁症治疗好了,出院已有三周,复诊时间我看病情稳定,在家能吃能睡能做家务。问我每天的半粒阿普唑仑能否停掉,我说可以的,但病人停了一周后来又来门诊,说病情复发了。我连忙又让把阿普唑仑半粒加上,第二天病人的症状明显减轻了,后来未再复发。

这两个案例均告诉我们,这微不足道的辅助药同样发挥着重要作用,不能随意加减的。

　　正如杨德森教授所讲述的那样,做医生容易,做好医生不容易! 好医生用药如绣花,开出的处方是一种艺术作品,我们要追求这个美。

精神科疾病的诊断和误诊

先说诊断。精神科疾病的诊断让人诟病的是缺乏生物学诊断指标，主要还是靠症状学诊断，因为症状本身是有主观性，所以诊断标准的掌握就是有主观性。对同一个病人，很多精神科主任查房，使用同一个诊断标准，专家 A 认为是精神分裂症，专家 B 诊断是双相障碍，专家 C 诊断是神经症性障碍。当然有时还是其他诊断。最后听谁的呢？一是听最权威专家的；二是听病房主任的，因为病房主任接触病人最多，最有话语权。

再说误诊。在精神科，误诊是常见的事，但有些误诊不是人为能避免的。首先精神科是症状学诊断，有一定的主观性，不同的医生对同一个病人的诊断可能不同。第二，病人在不同病程阶段，可能有不同的症状学特征。比如双相障碍的确诊实践可能要过 7~8 年，也就是一个单项抑郁病人可能要过 7~8 年才会转换为躁狂状态。精神科的早诊断原则是以当前状态下诊断。病人这次的主要表现为分裂症状，你诊断为分裂症，下次表现为躁狂症状为主，你可以诊断为情感障碍。这不能叫误诊吧。

名言警句在心理治疗中的作用

很小的时候，就常听长辈们用些俗语解释一些日常事件，尽管当时似懂非懂，但长大后想想觉得有道理！如，劝说小夫妻不要吵架，会说："芦柴成把硬"；邻家的小猪死了，会说"财去人安乐"；某人捡了小便宜却丢了值钱的东西，会说"横财不发命穷人"……说的人信口即来，听的人情绪却缓和了很多。再比如，高中毕业时语文老师送我的赠言："成事在人不在天"，在很长一段时间，它成了我的座右铭！一旦我的学习生活受挫，就用这句话鼓励自己，事在人为，不是自己不行，而是用功不够，还需继续努力！再如"人人都是过路客，狭路相逢宜转身"、"昨天的太阳晒不干今天的衣裳"等等，这些话我也时时告诫自己，不要有太多的抱怨，要大度，忘记过去，人生才会变得美好！同样的话，如果告诉我们的来访者，往往能获得意想不到的效果！

在心理咨询和治疗工作中，使用一些谚语、俗语、格言、名人警句等来说明某个道理，往往会起到意想不到的效果，可在咨询者的潜意识中发挥十分重要的作用。

大学·时光

涉水知深浅

——一个家教联系"单干户"的心里话

　　新学期伊始，趁课程还松，不少大学生搞起了曾经被商潮冲得七零八落的第二产业——家教。据统计，一个有 24 名男生的班级，搞家教的就有 12 人、搞家教联络的有 10 人、既搞家教又搞联络的有 6 人。

　　家教联络，并不是一件享福的事，桥头、路边、车站、居民点一站就是两三个小时，还不知道有没有人来联络。你若没这个耐心，就别吃这口饭。俗话说"该来的总会来"，来联系的，绝大多数是真心想请家教的，但也有存心捣乱的。我们就曾遇到一位妇女，和我谈了半天，留下的联系电话竟然是 66242250，过后才知是在骂我们"你是二百五"。也有人虽留下了明确的地址，可派去的同学找了半天，不是有巷无号，就是有号无巷，可恶的是有一户留下的号码竟是公共厕所。对此，我们只能苦笑几声，全当开回玩笑。

　　有些家教联络的"单干户"的责任心并不强，他们并不是按家长的要求去选择相应的老师，而是张贴一张海报："现需家教若干名，愿意者请于 X 号楼 XXX 室联系。"来人一手交钱，一手取名单，管你什么条件，自己去谈吧。这样一来，家庭教师的质量就受到了影响，其中难免有找点钱交补考费或赚点买烟钱的。事实上学习成绩好的,搞家教的并不多,也许他们懂得,鱼与熊掌不可兼得的缘故吧。

据了解,家教老师与家长初次见面时,家长一般要问你是哪个学校的,几年级了,学的什么专业,现手里搞着几个家教,有些家长对学校很看重,不是师大的就不要,难道非师大的学生,搞家教真的不行吗?非也,有位医学院校的朋友曾对我说过一件事,去年他搞了一个家教,名额是从南师大花 25 元钱买的,去教了一个月,小孩单元考试得了 100 分,家长不知道有多高兴,并奖他两天的工资,他家邻居也纷纷请他介绍一位。

家长们一般愿聘一、二年级的学生,第一,他们刚从中学考进大学,对中小学课程的难易程度还较熟悉,其次,他们的课程还较松,有精力来教;再者,有些初一、高一的学生家长认为,找一个能教两三年,免得经常换。其实,这种想法并不实际,不是学生不愿意,就是家长不愿意。

放眼街头,联络家教的人到处都是,望子成龙的家长们切不可操之过急,为找到称心如意的家庭教师,不妨到高校亲自走一趟,一般的高校的团委、学生会都会办此业务,他们介绍的家庭教师可靠性更强。

发表于《服务导报》(1993 年 10 月 4 日)

该 忘 就 忘

心理学家认为,遗忘并不纯粹是消极的,它是一个自然的和必要的心理现象,如同记忆一样,是人的一种能力。它不同于健忘,健忘是将不该忘的都忘了,是一种病态。在一定条件下,忘能促进记,主动忘掉一些东西可以更好地记住要记的东西。很多往事我们并未记住,但我们并未因此而感到可惜,因为在我们工作、学习及日常生活中,并不是所有的东西都要求记住的。

遗忘也是维持心理平衡的一种有力手段。生活在社会中的人,难免要遇到一些磕磕碰碰,闲言碎语,记住它就是自寻烦恼,因为人的耐受能力毕竟有限。提升不成,奖金少得,耿耿于怀又有何用? 不如彻底忘掉,换回轻轻松松的生活。要知道,它是一种大度、一种潇洒。

有人认为遗忘是由于记忆信息受到干扰而产生的,干扰排除记忆就得到恢复,即干扰说;有人认为遗忘是由于信息的强度得不到强化而逐渐减弱,以致最终消退的结果,即消退说。而人们常说的与遗忘做斗争,就是希望不要忘记不该忘记的东西。在学习、工作、生活中要想方设法排除干扰记忆的因素,如提高健康状况、改善情绪状态、总结学习内容的相似性等。对记忆信息不断强化就能增加记忆,起到事半功倍的效果。

这里要提醒的倒是那些常将不该忘记的事忘记了的朋友,不妨到心理门诊看看。

发表于《健康报》(1994 年 2 月 24 日)

别再留恋过去

——写给在学生会改选中落选的朋友

失败是一种不幸,战胜失败需要勇气和毅力。你一向是不服输的,难道这次遇到一点点挫折就消沉下去?其实这样本身就是一个失败。

你不必对此事耿耿于怀,你不必整天垂头丧气,人生的道路哪会一帆风顺?你不要说落选是奇耻大辱,你不要说你的自尊无法忍受,只有长期与失败为伍而活得自在的人,才是真正的强者。要记住,失败只是一种尝试,绝不是整个人生。

成功固然可喜,失败也不失可贺。不经一事,不长一智。

朋友,一切不会像你想象的那么完美,只有敢于接受挫折,你才有勇气面对现实,因为命运并非完全掌握在你自己的手里。

发表于《南医大报》(1993 年 5 月,第 64 期)

收获的季节

——献给九三年级的新同学

在这收获季节,你们来了,脸上带着微笑。你们经历了六月的艰辛、七月的奋斗、八月的等待,等来了这个九月的收获季节。朋友,辛苦了!

十二年的苦读,使你们成了天之骄子,时代的宠儿。

你们辞别了故乡,离开了父母,为了一个共同的目标,来到了这个完全陌生的环境——南医。

在这人生的十字路口,你们选择了南医,选择了医学这个专业,那就该全身心地投入。只有热爱事业的人,成功才会青睐于他。

成功固然可喜,但决不可狂妄,因为辉煌只是昨日的,对于将来,你们还一无所有。你们需要的,仍是孜孜不倦的努力。

待人以礼、学人之长、容己之短,是同学友好相处的一个基本。不要着意追求别人的尽善尽美。宽容是一种美德,得理让人、虚怀若谷是大将风度,绝不是无能的表现。

朋友,进入大学,你们少了中学时的忙碌,会更多几份独处寂寞的时光。古人云:"业无高卑志当坚,男儿有求安得闲。"朋友,不妨爱这样一位导师——生活,交这样几个朋友——书籍! 寂寞的时光定会消失得无影无踪。

　　朋友,考上大学,只是万里长征刚刚走完第一步,今后的日子,你们是否早已有了规划?

发表于《南医大报》(1993 年 9 月,第 69 期)

十月校园处处闻掌声

为了繁荣校园文化艺术，丰富同学的课余生活，院学生会社团部隆重推出——首届社团巡礼活动。

10月12日，气功协会的"空劲气功"讲座和"元极功法"录像观摩拉开了这次活动的序幕。接着，北斗文学社和院学生会编辑部联合推出校园征文大赛；书画协会和光影社联合举办书画、篆刻、摄影大奖赛；英语协会邀请王惠林老师作"医学英语杂谈"讲座。10月21日，新成立的社团部新成员——女友俱乐部举行女友联谊会，弹响俱乐部的第一曲。在这次活动中，心理学社特地邀请省委党校的黄菡老师作《性别差异心理》讲座；邀请江苏省心理学会理事长、一附院精神科主任袁耿清教授来院做心理咨询；同时，心理热线信箱开通。

为了丰富大学生活，使同学们在学好主课的同时掌握更多知识，以便更好适应社会需求，各类培训班陆续开课。10月19日，王其才书法培训班开课；10月22日，国家一级裁判李政义务讲授《裁判规则》。10月28日，《元极功法》培训班开课；接着，歌迷会继《中国箫笛》讲座之后的《中国箫笛》培训班即日也将开课，另外还有公关知识培训班，广播知识培训班也已开课。

在举办活动的同时，各社团纷纷招兵买马，把广大具有某项特长和爱好的同学吸收入会，相互学习，取长补短，增进技艺。据统计，参加各社团的人数已超过400余人次。

发表于《南医大报》（1993年11月，第74期）

099

阿贵请客

这两天,阿贵很苦恼,照理他该高兴才是,前天他在《服务导报》上发表了一篇文章,直到现在,宿舍里还洋溢着一种热烈的让人愉快的气氛。

那天,阿贵在教室里看书觉得太累,就出去走走,路过报摊时买了一份《服务导报》。这份报纸他已好几天没买了,一周前他是天天买的,因为他给它投过稿,可天天得到的都是失望。今天青睐它,只是想消遣消遣。

拿到手也就随便翻了翻,一篇文章的标题吸引了他,再一看,作者竟是自己——阿贵。当时的心情也许比范进知道自己中举时还要激动,两脚不由生起风来向宿舍奔去,他要把这份喜悦和大家共享。

一路上阿贵遇到四个熟人,还未等他开口,来人就先向他打招呼:"阿贵请客"。原来这份喜悦让别人先享受了。阿贵一跨进宿舍,舍友们就嚷开了:"阿贵,你的文章发表了,请客。""阿贵,你发财了,听说广州的稿费已到千字 500 元"。"阿贵,你的地址是否详细,免得编辑为难。""阿贵,你今后写文章,我为你提供素材。""阿贵,请客,请客,请客……"

阿贵被大家奉承得花了眼,也转了向,忙向大家的关怀表示感谢,并说了句"客一定要请。"

于是大家拿出课表来,周三下午没课,大家一致同意请客就定在周三下午。

两天过去了，可稿费还没到。这两天，班里的人一遇到阿贵，总是那句"阿贵请客"，甚至已经规划出吃什么酒、抽什么烟。如果阿贵很富也就无所谓这几块钱，但一月百十块的生活费，都是父母省下来的，尽管他父亲一再说，"该用的钱还得用，不要太节省，身体要紧"，阿贵还是不忍乱花。他知道父亲的难处，家中就那么一点收入，要供两个儿子上大学，最近听说爷爷又生了病。

阿贵从来不做打肿脸充胖子的事，可大家的热情那么高，口口声声要为他庆祝一番，总不能扫大家的兴吧。这也难怪，宿舍里好像已经形成了一个不成文的规定：凡有人过生日、通四级、拿奖学金等，只要与"喜"字沾点边的事，都要请客，美其名曰"有乐同享"。

人一旦为事所烦，就易往坏处想，这时的阿贵竟责怪自己不该投那篇稿了，尽管是无意插柳，可也守株待到了兔，只是没钱请客，怎么办？"档次降下来，不就是了吗？请各位谅解！"阿贵这样想着，嘴角透出一丝不易察觉的微笑。

发表于《南医大报》(1994 年 1 月，第 78 期)

校 园 三 味

收获

生活有荆棘,学习有芬芳。成功过,失败过,高兴过,烦恼过,有人说那是生活;长大了,深沉了,话少了,心细了,有人说那是成熟。丢了纯真,捡了浪漫,便是四年的收获。

追求

"凡所难求终觉好,一旦如愿又平常"。莫为有所得而欣喜若狂,莫为有所失而垂头丧气。追求过的没有实现,也许就是必然,没什么好遗憾的。没有什么特别重要,没有什么必不可少,吃的苦头远远不是最惨的,磨难也没有哪次会是最了不得的,不要把什么都看重,不必要去较真,记忆中也别放太多的东西。心情好时就出去逛逛,心情不好就和朋友聊聊,别让自己空虚就行。

需要

空虚的日子,需要慰藉;不顺的心情,需要倾诉;失败时,需要狂风吹散愁云;成功时,需要冰雹降温那发烧的心脏;寂寞的日子,需要芳香点缀;干涸的心田,需要甘泉滋润。

发表于《南医大报》(1994 年 12 月,第 88 期)

唉，这方天地

也许大家对此早就深恶痛绝，却也只能发发牢骚而已。

在菜场买菜，有人在整整齐齐的队伍里插队，久而久之，人们也习以为常了。可这样的镜头搬进大学生食堂，实不可取。买菜排队，本是天经地义之事，某些人却并不以为然。别人就餐，老实至极，接后排队，等到了窗口，最后一个肉圆跑到了别人的盆里，也只能自认倒霉。

俗话说，"多个朋友多条道"，买菜不用排队，去找朋友，可发扬一下朋友义气，帮忙打份菜。如果朋友刚好离窗，自己才赶到，真是后悔莫及。如说这是大搞不正之风，你也许会认为这时小题大做，没有必要，但若不大做一番，就没有好转的可能。

可还有一种人，他不必认朋识友，挤到前面，抢在第一位伸手之前伸进窗里，报菜接钱，笑容满面而去。后面的先生、小姐也只能自我安慰一番："不必与之计较"。

豆浆、油条本不分家，可食堂分而售之，但两窗口甚近，此举方便了不少人，买了豆浆之后，将盆伸进另一窗口，再加入买油条的行列，妙！但此举很是不文雅。

也许，君以为区区小事不足挂齿，大家不都是为了节约一点时间，多看一点书嘛。本不是一件光荣的事，披上了学习的外衣，或许还有一点荣光。

看到这一切，谁能有能为力？唉，这方天地！

发表于《南医大报》(1994 年 12 月，第 88 期)

人 在 大 四

(一)

岁月匆匆,三年转眼已逝,人未老,心也未老,逝去的只是那份童稚罢了。步入大四,我已不再疯癫、不再幻想,面对前路,我在深思,走过的路,到底留下什么"脚印"?

(二)

匆匆三年,得到什么,失去什么,有时我竟恍惚不已。我乐于幻想,所以生活给予我更多失望;我易于满足,所以这世界还能有阳光。

(三)

漫漫人生路,在青春路段,我试着去承受不再由父母支撑的天空,但感觉很重、很累。虽不曾梦想顶天,只愿脚踏实地,求一生少些遗憾。因为已失去的,也无法找回;拥有时,还当珍惜。

(四)

面对壮志未酬的无奈和失望,暂先将它用自信和希望尘封起来,因为培根说过"除了希望,人类便一无所有",我们还得靠希望活着,靠信念支撑着。

(五)

成功时,已不再喜形于色;失败时,也不再捶胸顿足。"不以物喜，不以己悲"。现在的我，已懂得：失去的，不一定就是你所需要的；得到的，也并非是最好的。

（六）

凡事首先是个过程，然后才是结果。我追求过程中的充实、愉快，这样就不在乎其结果了。因为这一过程结束之后，我自然又会进入下一个愉快的、充实的过程中，去实现另一个追求。这样不就永远愉快、充实了吗？

发表于《南医大报》(1995 年 11 月，第 98 期)

交　　往

　　交往是一种艺术。有人将她处理得如囊中取物，游刃有余；有人则对她一筹莫展，无所适从。究其成败原因，往往是后者对别人要求太严，对自己要求太松所致，一遇到不遂所愿之事，就指指点点，坏话说尽，却从不在自己身上找原因。我们都来自四面八方，各人有各人的性格特点，各地有各地的风俗习惯，强求一致，顺从于你是不可能的。要想处理好人际关系，就得学会适应别人。有时，即使你有理，也不能抱定"有理走遍天下"而到处嚷嚷，"得理处且饶人"往往能取得令你意想不到的效果。

　　有这么一个故事：唐朝贞观年间，高僧寒山问拾得："世间有人谤我、欺我、辱我、笑我、轻我、贱我、恶我、骗我，如何处治乎？"拾得回答说："只是忍他、让他、由他、避他、耐他、敬他、不要理他，再待几年你且看他。"当然，真正做到这一点，并不是件容易的事，但由此观之，人们在几千年前就把宽容看成是一种大度、一种美德了。所以日常生活中出现了矛盾，我们则不妨看淡一点、忍让一些。不是有句话叫"退一步海阔天空，忍一时风平浪静"吗？

　　欲想取胜，必先制怒，尽管我们有理由发泄自己的不满，但绝对没有理由去伤害别人。

发表于《南医大报》(1995 年 11 月，第 98 期)

人 生 初 悟

（一）

日升日落，月圆月缺，日子一天天过去了，才发现每日并没有收藏到想象中的辉煌。

（二）

四易春秋，领悟到学习并不缺少欢乐，只是我们缺乏努力。

（三）

有人总是认为，别人的成功是机遇，自己的成功就是靠努力所得。

（四）

人生犹如行舟，离开此岸，是为了到达彼岸，接着驶向另一处，因为人生没有停泊港。

（五）

有时，说谎是为了良心，而诚实却招来罪恶。

（六）

尽管人人都知道"退一步海阔天空，让一步桥宽路阔"，但真正做到并不是一件容易的事。

（七）

人们有时是喊贼抓贼，有时却是贼喊抓贼。

(八)

得理让人比有理说遍天下能取得更大的效果。

(九)

对生活的热望,使我们废寝忘食、衣带渐宽却仍乐此不疲、意趣盎然;对事业的追求,使我们把时间给了理智充实和进取,而非盲目空虚和懒散。有诗云:"担当身前事,何计生后评"。

(十)

谁说一分耕耘一分收获? 好多次全身心地投入,以赢得一席晨露,可总是达不到胜利的边缘。是目标太大? 还是毅力太小? 或许两者兼而有之。

(十一)

崇拜别人,扼杀了我们的天资,头脑成了别人思想的游泳池;而崇拜自己,便有了一份自信,有了一缕成功的希望。

(十二)

学会倾听,学会适应,取人之长,容人之短,是成功的关键。

(十三)

与人交往,只需做一件事:彼此信任。

(十四)

记忆的抽屉里别放太多的东西,因为人不能为记忆所累。

(十五)

很多时候,别人的歧视是我们从逆境中奋起的导火线。

(十六)

平时要想考试苦,莫待考试想平时,只有日积月累地播种汗水,才能铺就成才之路。在事业的天平上,成功与付出需要同等的砝码。

(十七)

人们在取笑别人时,正暴露了自身的弱点。

(十八)

爱情如同种子,只有环境适宜,才能发芽生长开花结果,过早涉及或不切实际,只能收获凄凉和泪水。

(十九)

吹牛,是弱者不甘为弱者、想成为强者又成为不了强者的人,靠欺骗来猎取别人的羡慕,而得以自尊满足的行为。

(二十)

铃,一生鞭挞自己,是为了警醒失神的人们。

(二十一)

有时退却不是无能,而是为了再一次的拼搏。

(二十二)

要想掌握命运,必须站在生命之上。

发表于《南医大报》(1995 年 9 月、10 月,第 99、100 期)

乐趣尽在笔头中

萝卜青菜,各有所爱。跳舞、看录像、打牌、下棋、听音乐,你其乐融融;可我,乐趣全在写稿中。

也许,你要问"写稿有人用吗?"我要告诉你,写稿是我的事,用稿则是编辑的事,用不用与我无关。我只知道写稿、为校报写、为《服务导报》写、为《扬子晚报》写、为《健康报》写……稿子写好了,贴上二毛钱邮票,投到邮箱去,我的事也就完了。下面就等见报,拿稿费了。

说起写稿,也是极偶然的事。大二时,遇到一些不愉快的事,心里特烦,于是写下来投给了院报。因为知道自己的水平,投出去也就未指望发表,全当情绪宣泄好了。果然,院报一期期出来都未见我的铅字。直到学期末快要放假了,才见一方天地,印着阿贵的大名。初尝喜悦,也就不知天高地厚地做起了作家梦。当然,投出去的稿件,大多都是泥牛入海——杳无音信。

大三时,出去搞家教联络,辛辛苦苦两三周,收入无几,从中感出赚钱的艰辛,于是写了一篇《涉水知深浅》投给《服务导报》。不料,十天后一位同学发现了我发表的大作。当时我确实高兴了一番,并重新估计了自己的能力。

自此,不时在《扬子晚报》《健康报》《健康导报》等报刊上洒上几点汗水,浇灌出一缕缕油墨香味来。

当然,写稿是一件很苦的事,特别是绞尽脑汁写成的文字变成了编辑的废纸,满腔希望等来的只是失望的结局。于是再化悲痛为力量,从失望中寻找新的希望。

收到稿费,是一件大喜的事,尽管钱是微不足道的,也许不够买一本像样的书或者一枝好一点的笔。但若舍友要有乐同享,客总是要请的,物不在多少,重在意思,一包瓜子,几袋方便面,足矣。

写稿,是我的乐趣,尽管,有时写得好苦。

发表于《南医大报》(1995 年 12 月,第 111 期)

五院，明日更辉煌

随着生活水平的提高，人们对医疗质量的要求提到了一个更高的水平。医院怎样在剧烈的竞争中立于不败之地呢？我认为除了要有良好的服务态度和精湛的医疗技术外，还需注意：

一、扩大宣传，发挥舆论作用。一个医院的知名度和信誉是其自下而上的命脉。组织专门人员及时将我院利用高新技术解决的临床疑难杂症，急诊室里抢救成功的危重病例以及发生在医院内的感人事件和一切有新闻价值的事例通过报刊、广播、电视等新闻媒介传播出去，让社会知道五院在前进。

二、传帮教带，搞好梯队建设。过硬的医疗质量是医院自下而上的基础。不难看出，我院的技术力量还很薄弱，人才存在断层现象，高年资的主治医生紧缺，新进的住院医师还未能挑起大梁。这就更需老医生言传身教，做好接班人的培养，青年人也要勤奋努力，虚心好学，以便及早胜任自己的岗位。

三、主次分明，加强重点科室建设。麻雀虽小，五脏俱全，也许这是五院的优点，但与其让各科室均衡缓慢发展，不如加快个别科室的重点投资，让五院办出自己的特色来。我发现现有的重点科室，除骨科外，都是有名无实的，不论是硬件还是软件。

四、精兵简政，人员统筹安排。医院内仍存在着人员安排不合理的现象,庞大的后勤机构拖着医院前进的步伐。举个最简单的例子,病房大楼电梯间用得着专门设一个收门票的吗?

五、患归如家,想病人之所想。随着医学模式的转变,心理治疗和心理护理越来越受到了重视。如何利用现有的医疗条件,更好地为病人服务呢?让康复期病人与危重病人分室居住,开辟活动场地,建立病友俱乐部,使病人有归院如家之感,这可是我们能够做到的。

欲立不败之地,必须加强硬件软件建设,办出自己的特色来。愿五院有个辉煌的明天。

[1995 年 7 月至 12 月在无锡市第五人民医院实习,本文发表于五院院报]

道不完的谢意

走近了,我看清了你的全貌;
投入了,我了解到你的真谛;
在这城乡结合点,
在这交通要道口,
从零时到零时,
你在超负荷运转。
看着一张张愁眉不展的面容,
目睹一具具血肉模糊的躯体,
一个个忙碌的白大褂,
汗水浸湿了衣裳,
只是为了病人少一声呻吟。

走近了,我看清了你的全貌;
投入了,我了解到你的真谛;
匆匆脚步,
踏着曙光而来,
伴随落日而归,
还有那 24 小时的长明灯,
每个活动着的分子,
为了一个共同的目标——
一切为了病人健康。

114

送别一张微笑的面孔，
带走一声声真诚的祝福，
留下的
是千百张嘴道不完的谢意，
这便是——我的五院。

[1995 年 7 月至 12 月在无锡市第五人民医院实习，
本文发表于五院院报]

袁勇贵主任已出版的著作

1. 2006 年　袁勇贵　唐勇·主编　《精神科门急诊手册》
（江苏科学技术出版社）

2. 2006 年　袁勇贵·主编　《远离灰色——谈抑郁情绪管理》
（东南大学出版社）

3. 2007 年　袁勇贵　郑爱民　陶领纲·主编
《远离失眠——谈睡眠障碍管理》（东南大学出版社）

4. 2008 年　袁勇贵　杨忠·主编
《远离焦虑——谈焦虑情绪管理》（东南大学出版社）

5. 2008 年　袁勇贵　杨忠　曹音·主编
《远离痴呆——谈记忆障碍管理》（东南大学出版社）

6. 2008 年　袁勇贵·主编　《精神医学案例习题集》
（东南大学出版社）

7. 2008 年　吴爱勤　袁勇贵　袁国桢　·主编
《医疗机构医务人员"三基"训练指南(精神科)》
（东南大学出版社）

8. 2009 年　吴爱勤　袁勇贵　袁国桢·主编
《医疗机构医务人员"三基"训练习题集(精神科)》
（东南大学出版社）

9. 2013 年　袁勇贵·主编　《快速识别心理障碍》

（东南大学出版社）

10. 2014 年　方建群　袁勇贵·主编

《人格心理学学习指导及习题集》（人民卫生出版

社）

11. 2014 年　袁勇贵·主编　《抑郁障碍共病:理论与实践》

（东南大学出版社）

12. 2015 年　袁勇贵　徐治·主编　《自我识别心理障碍》

（东南大学出版社）

13. 2015 年　吴爱勤　袁勇贵·主编

《中国当代心身医学研究(1994～2014)》

（东南大学出版社）

14. 2016 年　袁勇贵　李英辉·主编　《健康心理与长寿人生》

（中国协和医科大学出版社）

15. 2016 年　袁勇贵·主编　《中国卒中后抑郁障碍规范化诊疗指

南》

（东南大学出版社）

16. 2018 年　袁勇贵·等著　《平衡心理治疗》（东南大学出版社）

17. 2018 年　袁勇贵·等著　《心身医学新理念》（东南大学出版社）

18. 2018 年　袁勇贵·著　《袁·说》（东南大学出版社）

编辑的话

我的策划编辑生涯之初即与袁勇贵主任合作，从第一本《远离灰色——谈抑郁情绪管理》开始到现在，十几年密切协作，所有的出版作品正是袁主任和他带领的团队学术发展足迹的见证。一路以来我更感受的是袁主任的为人，他平和真诚，丝毫不做作，正如其文，本色为我。

本书稿大多是他病中休养时的文字，虽然没有深奥华丽的表述，但足见生活的哲理与智慧、专业的热爱与洞见，是真情真心的真实流露。

身体是生命的承载体，肉身总有限，生病是生活的必修课。病痛是伤，带给人恐惧，也让人思索，理解病痛与生命更需要勇气和智慧。生活的遥控器上有三个可选择的键：停止键、暂停键和播放键，生病让我们暂停，但只要不是过早地触到停止键，我们就还有机会慢慢地成长、变老，还可有专业研究的持续深进，更重要的是有对孩子、对父母、对家庭的责任承担和相互的亲情享受。

袁主任是一个勤奋的人，工作之余，他爱思考、读书、写作。人生就像行进在漫长的海滩上，偶尔拾起斑斓的贝壳，那上面有着岁月的痕迹……生命是美好的，每一天都有意义，奋斗的足迹、旅途的美景、学生的成长、事业的前景、遇到的人、做过的事、美好的回忆……记录下来就有意义。

"细微地体察生活，坚强地承受生活，勇敢地选择生活，热情地回应生活，温柔地善待生活"，这正是我编辑《袁·说》书稿后的收获。

责任编辑：**褚蔚**